Dorothea Thomé
Günther Thomé

FAHRT IN DIE RITTERZEIT

Eine spannende Lese-Schreibreise
mit Wortbausteinen nach dem BASISKONZEPT®
Neuauflage

Achte auf dieses versteckte Zeichen. Wie viele findest du?

isbo

W0279438

Für Lehrerinnen/Lehrer, Therapeutinnen/Therapeuten und Eltern

Es gibt **Wortbausteine** (Morpheme), die Schülerinnen und Schülern immer große **Probleme** bereiten, weil sie vor langer Zeit Bestandteile von Wörtern geworden sind. Über die Jahrhunderte haben sich die Bedeutungen von vielen Wörtern und Wortbestandteilen geändert. Einen häufig auftretenden Baustein wollen wir hier exemplarisch behandeln.

Welcher das ist? Das wird noch nicht verraten!

Jetzt fragen Sie sich wahrscheinlich: Ein ganzes Heft für nur einen Baustein? Das ist ganz schön übertrieben, oder? Nein, überhaupt nicht!

1. Es handelt sich um einen Baustein aus einer großen Wortfamilie, der häufig falsch geschrieben wird.
2. Man kann mit diesem Baustein eine wunderbare Zeitreise unternehmen, die den Schülern gut gefällt. Das haben wir oft ausprobiert.
3. Dieses Morphem ist ein wichtiger Lernanker, mit dem die Schüler den enormen Nutzen von WORT-BAU-STEIN-EN (fast wortwörtlich) be-greif-en und festhalten können.

Wir fahren also zusammen in die Ritterzeit. Der Reisebericht soll den Schülerinnen und Schülern gefallen und zum **Lesen motivieren**. Dann soll er sie verleiten, an einigen Stellen aktiv in die Zeitreise einzugreifen und eigene Texte zu **schreiben**.

Ein weiteres Anliegen ist es, den orthographischen Nutzen von Wortbausteinen er-fahr-bar zu machen. Die Schülerinnen und Schüler sollen verstehen, dass es so etwas wie Morpheme überhaupt gibt. Weiterhin soll das Verständnis, wie wandelbar Wortbausteine sind, vermittelt werden, und wie man Bausteine für die **Verbesserung** der eigenen **Rechtschreibung** nutzen kann. Um den notwendigen **Transfer** darüber hinaus zu ermöglichen, werden differenzierende Übungen zu anderen relevanten Morphemen angeboten.

Zielgruppen sind Schüler und Schülerinnen des dritten bis sechsten Jahrgangs, im schulischen und außerschulischen Rechtschreib-, LRS- oder Legasthenie-Unterricht sowie für Deutsch als Zweitsprache.

Das Material ist **passgenau** zu verwenden für eine Rechtschreibförderung nach **OLFA 3–9** (Oldenburger Fehleranalyse, Klassenstufe 3-9) und dem **Basiskonzept**® für die Bereiche: einfache Vokalschreibung für markierte Länge, e/eu für ä/äu, f für v, v für f, Konsonanten- oder Vokalzeichen fehlt (OLFA-Nummern 09, 17, 23, 24, 29 und 31).

Das Heft kann **flexibel eingesetzt** werden als Vor- oder Selbstleseheft, für Vertretungsstunden, als eigenständige Projekt- oder Übungseinheit, für alle Schüler einer Klasse oder nur für eine kleine Gruppe sowie in ausgewählten Teilen als (Wortbau-) Steinbruch zum Kopieren.

Wir bedanken uns ganz herzlich bei Maria Fleiter für ihre wertvollen Hinweise und bei Nina Niemann und D. Orie für die schönen Bilder und Zeichnungen.

Dr. Dorothea Thomé und Prof. Dr. Günther Thomé
Oldenburg, November 2015

Gleich geht es los!

Stell dir vor, du kannst jetzt eine Zeitreise machen!
Du lässt viele, viele Jahre hinter dir und
landest im – **Mittelalter**!

Doch wir wollen dir
erst noch
kurz erzählen,
wie es damals war!

Es ist die Zeit der Ritter,
der Edelfrauen,
der großen Burgen
und der Kirchen.
Man kann viele spannende Abenteuer
erleben. Aber es gibt auch
schlimme Sachen: Kriege,
Krankheiten wie die Pest,
Armut und Elend.

Viele von euch stellen sich die Ritter als liebe und lustige Männer vor, die den ganzen Tag nur in ihren schweren Rüstungen umherreiten. Die nichts anderes machen, als am Abend mit ihren Freunden an großen Tischen zu sitzen und riesige Mengen gebratener Hühner oder Rehkeulen zu essen.

Die meisten Ritter waren alles andere als liebe, lustige Männer. Sie waren wilde Burschen. Viele von ihnen konnten nicht einmal lesen und schreiben. In ihren Burgen war es kalt und dunkel.

Ganz schlimm war es natürlich im Winter. Dann war die Ritterzeit gar nicht schön. Besonders wenn die Vorräte knapp wurden. Außerdem konnte bei hohem Schnee kein Ritter auf die Jagd reiten und Rehe oder Hirsche schießen.

Die Bauern durften überhaupt nicht jagen. Sie hatten am Ende des Winters nicht einmal mehr Kraut, Erbsen, Rüben oder Linsen zu essen. Kartoffeln waren ja noch unbekannt.

Konsonanten (Mitlaute), sortiert nach Häufigkeiten, Rangplätze 1-22

1. /n/ **N** **N**ASE		12. /b/ **B** **B**AUM	
2. /r/ **R** **R**AKETE		13. /f/ **F** **F**ISCH	
3. /t/ **T** **T**ISCH		14. /h/ **H** **H**AUS	
4. /d/ **D** **D**ACH		15. /k/ **K** **K**UCHEN	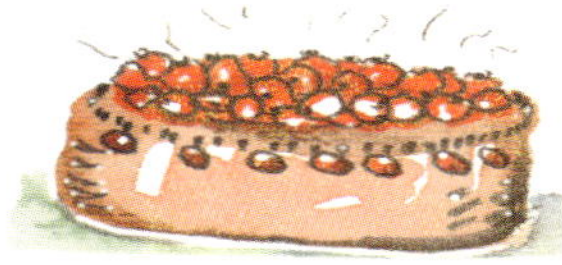
5. /l/ **L** **L**AMPE		16. /t͡s/ **Z** **Z**AUN	
6. /s/ **S** A**S**T		17. /ʃ/ **SCH** **SCH**AF	
7. /x/ **CH** MIL**CH** | BU**CH**	 	18. /p/ **P** **P**INSEL	
8. /z/ **S** **S**EIL		19. /ŋ/ **NG** RI**NG**	
9. /m/ **M** **M**AUS		20. /j/ **J** **J**ÄGER	
10. /v/ **W** **W**IESE		21. /p͡f/ **PF** **PF**ERDE	verkleinerter Ausschnitt 
11. /g/ **G** **G**ABEL		22. /k͡s/ **CHS** FU**CHS**	

Vielleicht gab es etwas Hirse.
Das sind ganz kleine Körner,
die zu Brei gekocht wurden.
Diesen Brei aß man dann
jeden Tag! Ohne Zucker!
Das war bestimmt kein
Lieblingsessen.
Aber besser als nichts!

Im Sommer und Herbst war das Leben
für die Menschen einfacher und besser als
im Winter. Dafür hatte man viel Arbeit
auf den Feldern, in der Scheune und im Haus.

Gearbeitet wurde vom frühen Morgen bis zum späten Abend,
also vom Sonnenaufgang
bis zum Sonnenuntergang!
Doch jetzt zurück
zu unserer Zeitreise.

Wir sind Gäste auf der Burg Felsenstein.
Wir kommen gerade im März in der Ritterzeit an.
Das ist nicht die beste Jahreszeit.
Um ehrlich zu sein, es ist eher die schlechteste Zeit für einen Besuch.
Warum? Das wirst du gleich erfahren.
Aber was will man machen? Dieses Abenteuer darfst du natürlich nicht versäumen.

Der Ritter, bei dem du wohnst,
heißt Roban zu Felsenstein.
Er ist der Herr auf der Burg Felsenstein.
Leider ist er ziemlich grob und eigentlich immer unfreundlich.
Ein richtiger Grobian! Pass also auf, wenn du in seiner Nähe bist!
Gudrun, seine Frau, ist die Burgherrin auf Felsenstein.

Sie wollen ihren Sohn Mattis mit Gretlin verheiraten oder vermählen, wie man hier sagt.
Gretlin ist die Tochter von Robans Freund, der jetzt im März auf seiner Burg ein großes Fest feiern möchte.

Deshalb will Roban mit seinen Leuten und mit dir eine Fahrt dorthin unternehmen.
Die Heirat soll mit seinem Freund, dem Ritter Enders, besprochen werden. Es ist eine wichtige Reise, die sich nicht aufschieben lässt.

Also wird alles für die Fahrt geplant.
Das dauert ganz schön lange.
Seit Wochen wird schon gearbeitet.
In der Burgküche wird gebacken und gebraten.
Da nicht mehr viel in den Kellern zu finden ist,
werden die letzten Vorräte angebrochen.
Alle Leute auf der Burg sind beschäftigt.
Sie bereiten die Fahrt vor.
Es werden die Reisedecken zurechtgelegt.

Die besten und stärksten Pferde werden
ausgesucht und gut gefüttert.
Der Fuhrwagen und
der überdachte Reisewagen,
in dem die Burgherrin Gudrun fährt,
werden geschmiert und mit Essen, Trinken,
Futter für die Pferde, warmer Kleidung und
dicken Decken bepackt.

Die Burgherrin Gudrun nimmt wertvolle Geschenke mit:
eine Fahne,
ein goldenes Trinkhorn,
gute Lanzen und
eine Kiste mit Silbermünzen.
Die Kiste ist so schwer,
dass Tonder, der Knappe von Roban, sie tragen muss.
Die Wachen, die uns auf der Reise beschützen,
sind erfahren und natürlich gut bewaffnet.

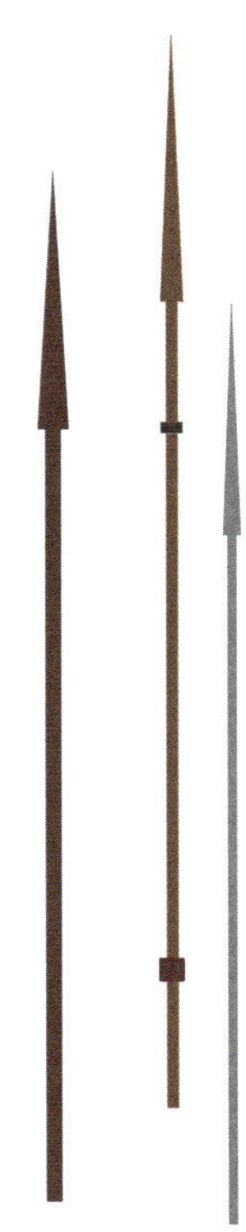

Alle sind natürlich aufgeregt,
denn die Fahrt ist lang und gefährlich!
Wir werden mindestens drei Tage unterwegs sein.

Zweimal werden wir
in einer Herberge
übernachten können.
Hoffentlich müssen wir nicht
eine Nacht draußen schlafen.

Da es im März sehr kalt ist, werden wir unsere Felle und Decken dringend brauchen. Wenn wir Pech haben, bekommen wir Regen oder Schnee. Wir werden kalt und nass bis auf die Knochen. Aber daran wollen wir jetzt nicht denken. Vielleicht haben wir ja Glück und das Wetter wird nicht so schlimm.

Zuerst müssen wir durch die Nebelschlucht.
Schau dir das Bild an,
dann kannst du dir vorstellen,
dass es kein einfacher Weg wird.

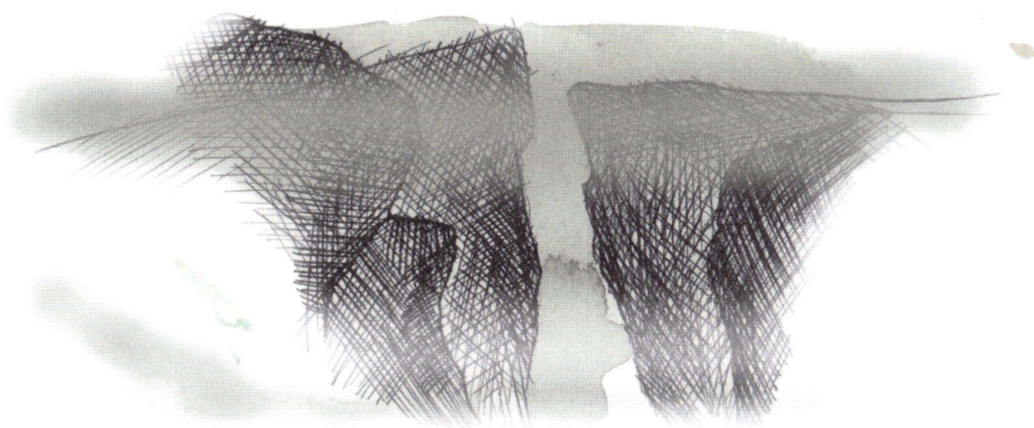

Immer wieder fallen Steine aus den steilen Felswänden.
Sie krachen auf den langen Weg,
der durch die Schlucht führt.
Oder auf dich, wenn du nicht aufpasst.

Dann müssen wir am nächsten Tag am Felskopf vorbei.
So heißt ein hoher Bergrücken.
Die Pferde, die unsere Wagen ziehen, müssen sich anstrengen.

„Sie legen sich halt ordentlich in die Riemen“,
meint Wolfing, der auf dem Fuhrwagen sitzt.

Nach der zweiten Nacht in einer schlechten Herberge
geht die Fahrt durch den Tannenbruch.
Das ist ein tiefer, finsterer Wald
mit vielen alten Bäumen.

Hier ist ein Bild für dich, das dir auf dem Weg helfen soll. Es ist zwar ein Plan, der die Wegstrecke im Sommer zeigt, aber Hauptsache ist ja, dass du nachschauen kannst, wo du gerade bist.
Viel Erfolg und gute Fahrt!

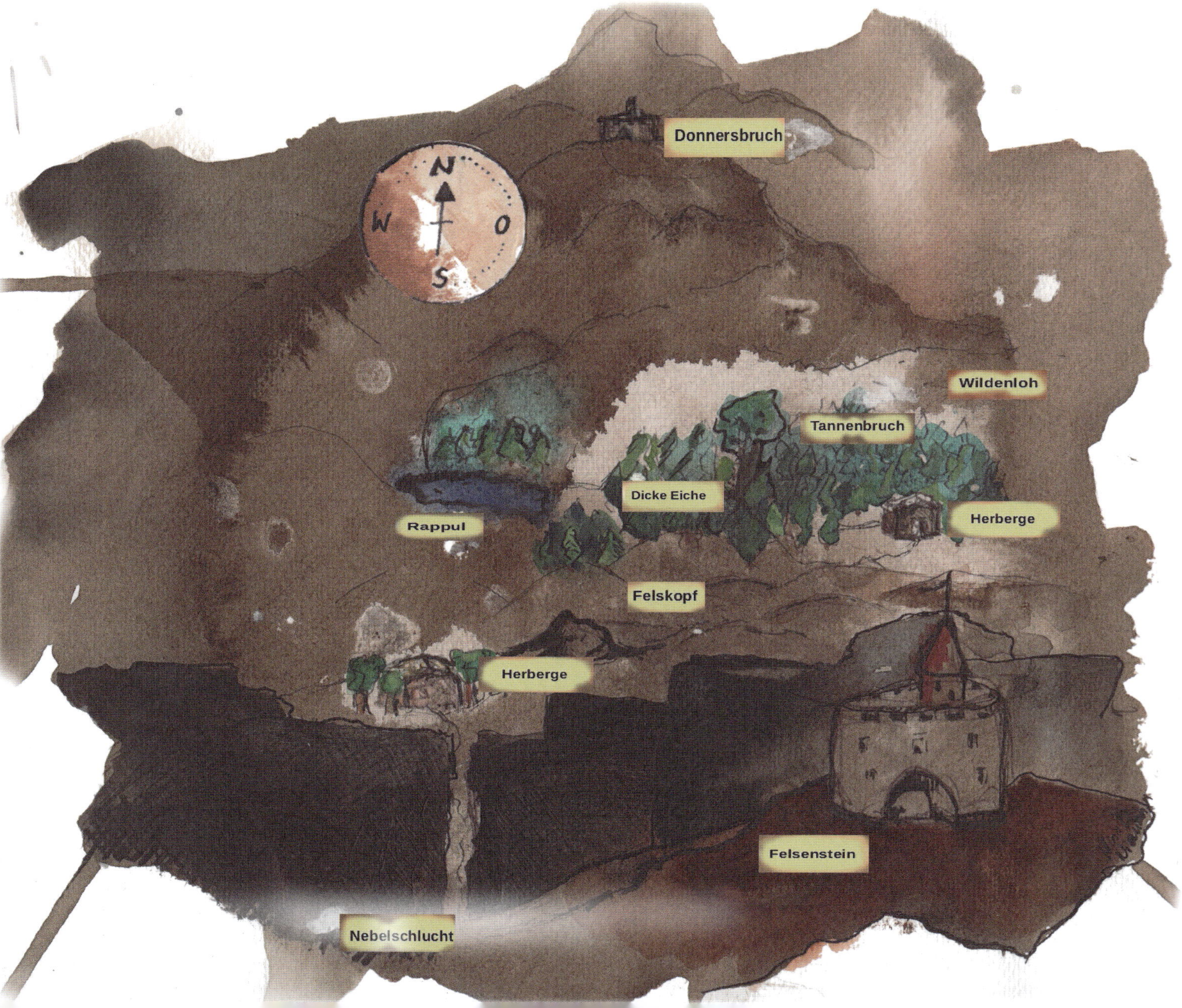

Gunnar, der Schmied, hat uns erzählt, dass im Tannenbruch nachts die Wölfe heulen.

„Am schlimmsten sind die Räuber, die sich an der Grenze zum Wildenloh herumtreiben“, sagt Gudrun.

„Da müssen wir besonders gut aufpassen. Aber es ist gut, dass wir nicht durch den Wildenloh müssen.

Dort ist es noch gefährlicher als im Tannenbruch“, fügt Gunnar finster hinzu.

Als ob Kälte, Berge und Wölfe nicht schon genug wären!

Du merkst es schon. Früher war eine weite FAHRT anders als heute.
Jede FAHRT war

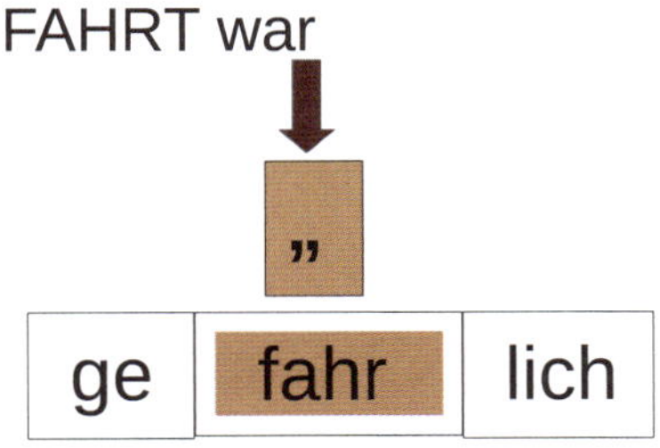

Was hat GEFAHR mit dem Wort FAHRT zu tun?
Was meinst du? Überlege einmal.

Eine Fahrt war voller GEFAHR-EN und deshalb GEFÄHR-LICH.
Hast du dir das auch gedacht? Genau richtig!
Es sind die Bausteine GE FAHR mit den Endungen -EN oder -LICH.

Zusätzlich haben wir einen kleinen, aber wichtigen Wortbaustein:
die Umlautstriche:

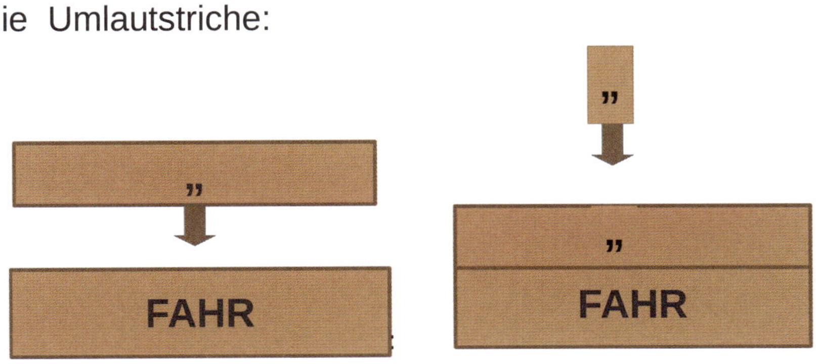

Diese Striche machen aus **FAHR** – **FÄHR**.
Der Wortbaustein FAHR kann also einen weiteren Stein anbauen.
Dieses Mal von oben.

FAHR

Wir haben mit dem Umlaut zwei Bausteine. Obwohl es so aussieht, als wäre es nur ein einziger.

		1 Baustein	2 Bausteine
Das ist bei einigen Wörtern so:			
	aus a wird ä	Hand	Händ + e
Fülle aus:		Kamm	________ + ___
	aus au wird äu	Baum	Bäum + e
		Maus	________ + ___
	aus a wird wieder ä	Blatt	Blätt + er
		Mann	________ + ___
		Land	________ + ___
	aus o wird ö	Wort	________ + ___
	aus u wird ü	Huhn	________ + ___
Versuche es mit -chen:		Katze	Kätz- + chen
		Hund	________ + _____
		Ball	________ + _____

Probiere es einmal
mit deinem Namen: ______________ ________ + _____

Wie viele Wortbausteine stecken im Wort: **Wortbausteinchen**?

Drei oder vier? Schreibe sie auf: ____________________________

Wenn du dir die folgenden Bausteine anschaust,
dann findest du schnell den gemeinsamen Stein:

	FAHR	= fahr	Beispiel:	Ja, fahr jetzt los!
	FAHR EN	= fahren	Beispiel:	Wir fahren los.
	FAHR T	= die Fahrt	Beispiel:	Die Fahrt geht los.
GE	FAHR	= die Gefahr	Beispiel:	Die Gefahr beginnt.

Schreibe diesen gemeinsamen Wortbaustein hier auf.

Mein erster Wortbaustein: ______________________

Achte nun darauf, wie oft dieser Baustein in der Geschichte vorkommt.
Du musst gut aufpassen, denn manche Wörter
können einen ganz anderen Sinn haben:

vorfahren,
die Vorfahrer (= Leute, die vor dir fahren),
die Vorfahren (= Menschen, die vor dir gelebt haben).

Der Baustein wird manchmal für eine ganz andere Zeit
oder Zeitform verwendet.
Er steht zum Beispiel in der Vergangenheitsform:
gefahren

Manchmal siehst du die Umlautstriche, die über dem ah stehen.
Dann wird aus **ah** → **äh**.

Sie verstecken sich in Wörtern wie GEFÄHRLICH oder UNGEFÄHR.

Diesen zweiten Baustein brauchst du auch. Trage ihn ein.

Mein zweiter Wortbaustein: ______________________

Jetzt benötigst du noch einen letzten Stein für deine „Wort-Burg".
Er wird seltener als der Baustein FAHR gebraucht.
Wenn du die Vergangenheitsform von *fahren* bildest,
dann hast du ihn gefunden.

Es ist nicht f ah r, sondern f _ r

Schreibe diesen Baustein hier auf.

Mein dritter Wortbaustein: ______________________

Falls du den Baustein nicht gefunden hast, dann lies dir diese Tipps durch.

Erster Tipp:	Heute <u>fahre</u> ich. Gestern ________ ich.
Zweiter Tipp:	Der gesuchte Baustein hat vier Buchstaben, aber nur drei Laute.
Dritter Tipp:	Es ist das Wort in der Folge fahren — f____ — gefahren
Letzter Tipp:	Es steht kein _ah_ in der Mitte, sondern ___.
Zusatz-Tipp:	Es ist nicht <u>ah</u>, <u>eh</u>, <u>ih</u>, <u>oh</u>, sondern ___. Oder schau im Lösungsteil am Ende des Heftes nach und füge ihn dann oben ein.

Auch dieser dritte Baustein kann manchmal das Umlautzeichen „ tragen, beispielsweise im Wort: ausführlich.

Am Anfang der Geschichte ist alles ganz einfach.
Gegen Ende wird es immer schwieriger, die Wortbausteine zu erkennen.
Mal sehen, ob du alle findest. Deine drei Bausteine helfen dir.

Wenn du die Geschichte **vorgelesen** bekommst und du die Bausteine **fahr**, **fähr**, **fuhr** oder **führ** hörst, dann klopfe auf den Tisch.
Wenn du die Geschichte **selbst liest** und diese Bausteine findest, dann unterstreiche sie oder schreibe sie in dein Heft.

Gute Fahrt!

Die Abfahrt

Der Ritter Roban ist wütend.
„Wo steckt denn Tonder,
dieser alte Schafskopf?“,
schreit er. „Wenn ich den erwische,
dann kann er was erleben!“
Er sucht mal wieder seinen Knappen.

Er flucht fürchterlich und fuchtelt wild mit den Händen.
Dann stapft er mit seinen Stiefeln über den Burghof,
dass der Matsch nur so spritzt.

In ein paar Tagen werden wir alle schmutzig sein.
Wir reiten zur Burg Donnersbruch.

Die Wege sind tagsüber schon aufgetaut und voller Schlamm.
Besonders schwer wird es für die Pferde, die
unsere Fahrzeuge ziehen. Immer wieder werden
die Räder in den tiefen Rinnen oder Fahrspuren versinken.
Das haben uns schon die zwei Knechte erzählt, Jorg und Ulle,
die schon einige Erfahrungen mit Winterreisen haben.

Die zwei Hunde von Ritter Roban
kommen natürlich mit. Sie heißen

< Treff und Rüpel >
und sind ganz schön frech.

Alle stehen zur Abfahrt bereit.
Auch Tonder, der Knappe,
ist inzwischen da. Er kaut und schluckt heimlich einen Bissen herunter.
Ob er etwa an den Vorräten war?

„Verfahrt euch bloß nicht wieder im Tannenbruch!
Wolfing schläft doch unterwegs immer ein!“,
ruft der Schmied Gunnar.

Er kann nicht mitfahren. Deshalb sagt er zu Wolfing,
der schon lange auf dem Fuhrwagen sitzt und wartet,
zum zehnten Mal:

„Wenn ihr im Tannenbruch seid, müsst ihr bis zur dicken Eiche.
Erst dann dürft ihr nach Westen abbiegen und bis zum Rappul,
dem schwarzen See, reiten. Nach dem Rappul geht es eine
lange Zeit weiter nach Norden.
Wenn ihr an der dicken Eiche falsch abfahrt,
dann kommt ihr direkt in den Wildenloh.
Ach, am liebsten würde ich mitkommen.
Ohne mich verfahrt ihr euch bestimmt!“

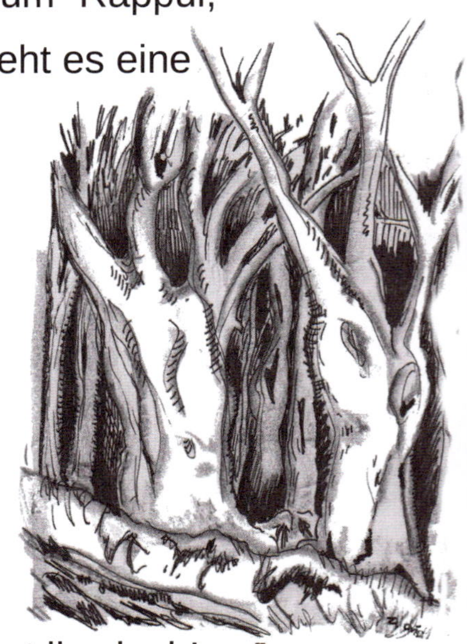

Doch schon schreit Roban wieder:

„Abfahrt! Wir müssen endlich los, ihr Reitschnecken!
In der Dunkelheit sind die Wege unbefahrbar. Das wisst ihr doch!
Wir können nicht bei Nacht erst durch die Nebelschlucht!
Das ist zu gefährlich. Also los, sonst mache ich euch Beine!“

Jetzt bist du dran. Beschreibe, was du alles in der Nebelschlucht erlebst. Denke dir eine spannende Geschichte aus. In der Aufgabe 1 geben wir dir einige Wörter mit auf die Fahrt, die du vielleicht gebrauchen kannst.

- **Aufgabe 1**

Teile in Bausteine auf und male fahr bunt an:

abfahren die Abfahrt ab fahr en die Ab fahr t

auffahren die Auffahrt ______________ die ______________

fahren die Fahrt ______________ die ______________

gefahren die Gefahr ______________ die ______________

hinfahren die Hinfahrt ______________ die ______________

mitfahren die Mitfahrt ______________ die ______________

überfahren die Überfahrt ______________ die ______________

Jetzt kannst **du** beschreiben,
was auf **deiner** Fahrt passiert.

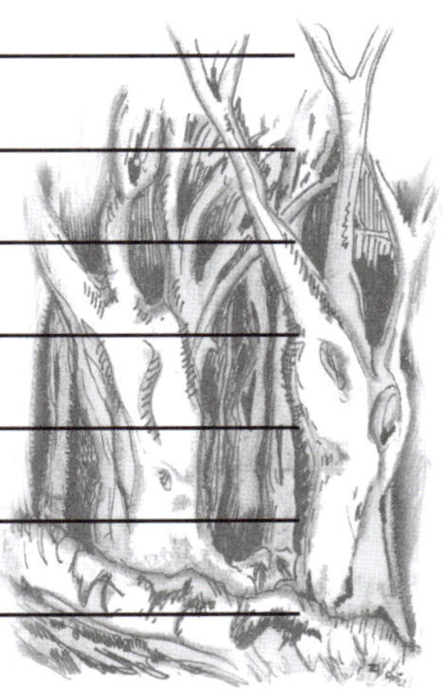

Schreibe in dein Heft, wenn der Platz hier nicht ausreicht.

So, die Nebelschlucht haben wir geschafft!
Bei Dunkelheit kommen wir müde in der Herberge an.
Es gibt Wurstsuppe mit Brot.

Ritter Roban und Frau Gudrun bekommen ein gutes Zimmer.
Der Wirt zeigt auch Mattis und Tonder eine kleine Kammer,
wo sie übernachten können.

Wir anderen legen uns auf unser Heulager
in der Scheune und schlafen sofort ein.
Rüpel schnarcht schrecklich laut.
Aber keiner hört es.

Der nächste Morgen bricht an.
Es ist noch ganz dunkel.
Die Tage sind kurz im März.
Tonder hat es in der Herberge
gut gefallen. Er leckt sich die Lippen
und verdreht die Augen:

„Das war eine leckere Suppe!
Aber am besten waren die Würste.
Ich freue mich jetzt schon auf die Rückfahrt!"

Heute ist es ein ganzer Tagesritt bis zur zweiten Herberge.
Die Wege sind von der kalten Nacht gefroren und gut befahrbar.
Wir bleiben mit den beiden Wagen nicht so oft
in der Fahrrinne stecken. Die Pferde, die die Wagen ziehen,
haben es trotzdem schwer genug.

Der Weg über die Seite des Felskopfes
ist jedoch ungefährlicher als wir dachten.
Langsam geht es wieder bergab und
Bäume und Sträucher stehen dichter.
Aber den Tannenbruch
erreichen wir erst morgen.

Nach einigen Stunden müssen wir anhalten.
Alle Knochen tun uns weh!
Eine umgestürzte Tanne liegt auf dem Weg.
Wolfing muss die Pferde beruhigen. Sie sind sehr nervös.
Ihm entfährt ein wüster Fluch, als er um den Baum und
die dichten Sträucher herumfahren muss.
Das ist ziemlich umständlich.

Alle helfen mit. Na ja, fast alle,
denn Tonder ist kurz hinter den Bäumen verschwunden.
Jorg und Ulle müssen mit ihren Schwertern und Messern
einen neuen Fahrweg freikämpfen.
Treff und Rüpel springen um uns herum. Sie sind wirklich frech und
beißen immer in unsere Stiefel.

Nach einiger Zeit haben wir es geschafft!
Wir sind wieder auf der Fahrbahn. Es geht weiter.

Abends essen und schlafen wir in der zweiten Herberge, die aber
nicht so gut ist wie die erste. Der Wirt ist ein knurriger Kerl.
Alles ist schmutzig. Es riecht nach Schimmel.
Der Wind pfeift durch das Dach und die Wände.
Das Brot kann man kaum essen.
Der Brei ist so schlecht, dass du
am besten gar nicht mehr daran denkst,
wie er geschmeckt und gerochen hat.
Nachts beißen uns die Wanzen.
Du hast mindestens zehn Bisse. Tonder hat mehr.
An seinen Beinen hat er schon fünfzehn Bisse gezählt.

Roban schimpft schlimmer als sonst.
Er will dem Wirt einen Fußtritt als Lohn geben!
Sogar Gudrun nickt:
„Davon werde ich dich nicht abhalten!“

Heute fahren wir also
in den Tannenbruch hinein.
Wenn wir den erst hinter uns hätten!

„Abfahrt“, schreit Roban. Es geht wieder los.
Leider fängt es an zu schneien. Wir schauen uns öfters um.
Es sind auch keine verdächtigen Spuren oder Fährten zu sehen.
Alles ist gut und ungefährlich.

Das merkt man auch am Verhalten von Treff und Rüpel.
Sie sind nicht aufgeregter als sonst.
Sie versuchen wieder einmal, dir und Tonder wegzunehmen,
was sie nur kriegen können.

Nach ein paar Stunden wird der Wind stärker und pfeift uns
um die Ohren. Schneeflocken wirbeln wild in der Luft umher.
Ritter Roban schaut immer wieder nach oben.
Er knurrt etwas, was sich wie „Mistwetter!“ anhört.
Um bessere Laune zu bekommen,
schimpft er ein bisschen mit Tonder.

„Vielleicht hält uns dieser Sturm wenigstens die Räuberbande
vom Leib!“, meint Wolfing, der oben auf dem Fuhrwagen
schon ganz eingeschneit ist.

Die Gefährten, die Wolfing gehört haben, nicken.
Wir haben schon viel über den Tannenbruch gehört.
Nie war es etwas Gutes. Was wirst du erleben?
Wölfe? Bären? Falsche Abfahrten?

Jetzt sollst du dir etwas ausdenken.
Beschreibe, was du im Tannenbruch alles erlebst.
Schneit es noch mehr? Wird der Sturm schlimmer?
Denke auch an die richtige Abfahrt bei der dicken Eiche.
Kommt ihr am Rappul, dem schwarzen See, vorbei?
Ist er zugefroren? Die Räuber kommen ja erst später ...

Hier stehen einige Wörter mit **FAHR**
für deine Geschichte bereit.
Wenn der Platz nicht ausreicht,
schreibe in dein Heft.

un	be	**fahr**	bar
*	Durch	**fahr**	t
	durch	**fahr**	en
	er	**fahr**	en
*	Er	**fahr**	ung
	fort	**fahr**	en
	heran	**fahr**	en

	herum	**fahr**	en
un	be	**fahr**	bar
	be	**fahr**	en
un	er	**fahr**	en
	ver	**fahr**	en
	weg	**fahr**	en
*	Weiter	**fahr**	t

* die Durchfahrt, die Erfahrung, die Weiterfahrt

Die dicke Eiche und der Rappul liegen hinter uns.
Jetzt fahren wir nach Norden.
In der Ferne hört man eine Eule rufen.
Plötzlich bleibt Rüpel stehen und knurrt.
Sein Fell sträubt sich.
Keiner merkt es. Leider!

Knacks!
Das Geräusch
kommt
aus dem Wald.
Tonder
fährt
vor Schreck
zusammen.

Fünf Männer, die hinter den Tannen versteckt waren,
springen hervor. Jetzt knurrt Rüpel laut.
Er und Treff wollen angreifen, aber Roban ruft sie zurück.
Die fünf Männer sehen gefährlich aus. Sie sind bewaffnet.
Auf diesen schnellen Angriff sind wir nicht vorbereitet.

„So, Freunde, das sieht schlecht für euch aus!“,
lacht einer der Räuber.

Sie nähern sich und schauen gierig auf unsere Wagenladung.

„Mal sehen, was für schöne Sachen ihr uns mitgebracht habt“,
ruft der Anführer der Bande.

In diesem Moment hast **du** eine großartige Idee.

Jetzt ist also **deine** Hilfe gefragt. Schreibe auf, wie du die Räuber überraschst und verjagst. Schreibe in dein Heft, wenn der Platz hier nicht ausreicht.

Gut! Die Räuber sind in die Flucht geschlagen.
So, das hätten wir geschafft.
Den Tannenbruch haben wir hinter uns.

Sogar Treff und Rüpel sind müde und viel ruhiger als sonst.
Sie machen überhaupt keinen Unsinn mehr!
Das ist erstaunlich!

Ohne große Pausen oder
weitere Zwischenfälle
setzen wir die Fahrt
zur Burg Donnersbruch fort.

Als wir abends endlich
auf der Burg ankommen,
rennen Treff und Rüpel
laut bellend durch das große Tor.

„Treff! Rüpel! Gut, dass ihr da seid!“, ruft Gretlin.
Dann sieht sie Mattis, ihren zukünftigen Ehemann.
Als alle von ihren Pferden abgestiegen sind,
flüstert er ihr zu: „Schön, dass du hier bist!“

Nun kommen auch die anderen. Nach der Begrüßung erzählen
Gudrun und Roban von den Räubern und den Abenteuern.

„Was ihr alles erlebt habt, ist unglaublich!“, sagt Ritter Enders
nach einer Weile.
„Ja“, schmunzelt Roban zufrieden, kratzt sich seinen Bart
und knurrt:
„Alles ist gut gegangen. Aber das haben wir einer Person
aus der Neuzeit zu verdanken.“

Roban dreht sich zu dir um. Er haut dir fest auf die Schulter und sagt:

„Du warst tapferer und klüger als wir alle zusammen!
Wenn du uns nicht begleitet hättest,
wären wir nun nicht gesund und munter hier!
Danke für deine Hilfe!
Aber jetzt komm endlich! Steh hier nicht faul herum!
Willst du Wurzeln schlagen?
Wir wollen feiern, tanzen und singen und alles in Ruhe und ausführlich erzählen! Na warte, da vorne sitzt ja schon Tonder und hat den Mund voll mit Kuchen!"

Du siehst, wenn es gefährlich wird, darfst du niemals aufgeben!
Das konntest du während dieser Fahrt erfahren!
Schade, dass damit unser Abenteuer vorbei ist.
Die Rückfahrt war übrigens ganz ohne Probleme.
Tonder hat sich auf die gute Herberge gefreut.
Alles verlief gefahrlos. Nein, nicht ganz!
Rüpel hat mal wieder nicht aufgepasst und ist in den Rappul gefallen.

- **Aufgabe 2**

Im Heft sind manchmal kleine Zeichen für Bausteine versteckt.
Das Zeichen sieht so aus:  (nur noch viel kleiner ...)

In jeder Zeile, in der du dieses Zeichen findest,
steht ein Wort mit mehreren Bausteinen.
Suche diese Wörter, trage die Anzahl der Bausteine ein
und schreibe sie auf.

das Wort (Seite)	 **Anzahl der Bau-steine**	**alle einzelnen Bausteine**
Beispiel: das Gefährt (= ein Wagen)	4	Ge fahr + “ t

Aufgabe 3

Füge den Baustein fahr ein. Zusätzlich musst du <u>zweimal</u> den Baustein " eintragen. Dann schreibe alles noch einmal auf.

		Verbstamm	Endung	
1. Person, Einzahl	**ich**	**fahr**	**e**	= *ich fahre*
2. Person, Einzahl	**du**		**st**	= du
3. Person, Einzahl	**er/sie/es***		**t**	= er/sie/es
1. Person, Mehrzahl	**wir**		**en**	= wir
2. Person, Mehrzahl	**ihr**		**t**	= ihr
3. Person, Mehrzahl	**sie**		**en**	= sie

* er/sie/es bedeutet: **er** fährt, **sie** fährt <u>oder</u> **es** fährt

** sie gibt es in der Einzahl (Singular) sie fährt die Mutter fährt
und sie gibt es in der Mehrzahl (Plural) sie fahren die Kinder fahren.

Aufgabe 4

Aus welchen Bausteinen bestehen die folgenden Wörter?

Beispiel: BAUSTEIN =	= BAU		= STEIN	
die GEFAHR				
der FAHRER				
das FAHRRAD				
das KRAFTFAHRZEUG				
die FAHRZEIT				
UNERFAHREN				

- **Aufgabe 5**

Verbinde die richtigen Wörter und Bausteine mit Strichen.

Beispiel: ich —— FAHR / E

Die Wörter **ich, du, er/sie/es, wir, ihr, sie** nennt man Personalpronomen (pro = für) oder persönliche Fürwörter, weil sie für eine oder mehrere Personen (**ich, du, er/sie/es, wir, ihr, sie**) stehen.

ich

FAHR

E

du

FAHR

ST

er, sie oder es

FAHR

T

Schreibe alles noch einmal auf. Nimm auch noch zwei andere Verben:

Beispiel: *ich fahre, ich gehe, ich renne*

du ______________________________

____

wir FAHR EN

ihr FAHR T

sie FAHR EN

Schreibe alles noch einmal auf. Nimm auch noch zwei andere Verben:

Beispiel: *wir fahren, wir gehen, wir rennen* ______________________

ihr ______________________

____

- **Aufgabe 6**

Kennst du noch andere Wörter mit ganz vielen Bausteinen?

Beispiel: UM FAHR EN

Damit es nicht zu schwierig ist, benutze die Tabelle auf der Seite 38.
Wenn du sie ausgefüllt hast, schneide die Wortbausteine aus:

1. auf der Seite 38 und später dann
2. auf der Seite 40.

Bilde daraus so viele Wörter, wie du kannst.
Schreibe die gefundenen Wörter in dein Heft.
Die ausgeschnittenen Bausteine kannst du am besten
in einem Briefumschlag aufheben.

Aufgabe 7

Wie häufig schreibt man eigentlich ah, wenn man ein **langes a** hört?

Antwort: **Häufig schreibt man ein a,**
dann folgt mit großem Abstand ah (wie in fahr)
und ganz selten ist aa .

Trage die folgenden Wörter in die drei Türme ein: haben, nach, Haar, aber, Jahr, sagen, waren, Tag, Vater, fahren, fragen, da, Name, Wagen, gehen.

a-Turm **ah-Turm** **aa-Turm**

Wenn du es ganz genau wissen willst, dann sieh dir dieses Schaubild und die Tabelle an.

Für das lange a schreibt man:

a	in	91,0 %	aller Fälle
ah	in	7,5 %	aller Fälle
aa	in	1,5 %	aller Fälle

Die Daten sind entnommen aus einer 100.000er-Auszählung (in: Siekmann, K.; Thomé, G.: Der orthographische Fehler. Oldenburg: *isb*-Verlag, 2012, S. 239).

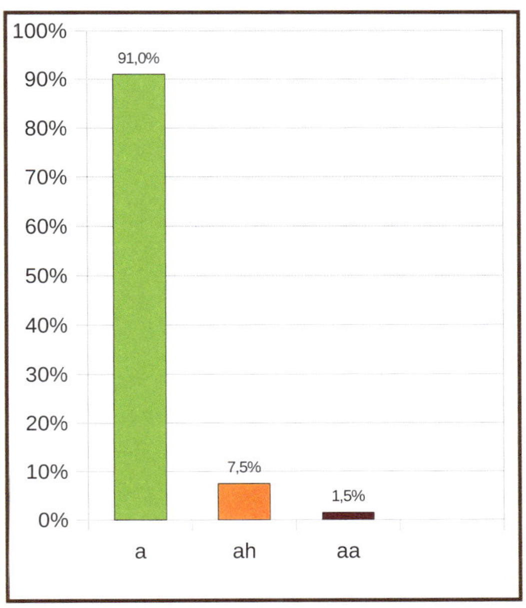

„

Die

FAHR

GE

LICH

EN

EN

GE

FAHR

Verbinde die Wortbausteine: ____

Erfinde eine neue Geschichte mit diesem Titel.

- **Zusatzaufgabe**

Schreibe das längste Wort auf, das du mit möglichst vielen Bausteinen bilden kannst:

____

____

____

1. Tipp: Mit Wörtern, die auf -ung, -heit, -keit enden, geht es am besten.

	Beispiel:
Überlege dir ein Wort mit -ung.	Erfahrung
Füge ein -s dahinter:	Erfahrung-s-
Suche wieder ein Wort mit -ung ...	Erfahrung-s- zeitung-s- überraschung

2. Tipp: Schlage ein Wörterbuch auf und suche dir viele Wörter mit -ung, -heit und -keit heraus: Schreibe sie auf. Achte sonst immer auf die **Großschreibung der Wörter mit -ung, -heit und -keit**.
Falls du ein „Rückläufiges Wörterbuch“ benutzen kannst, damit geht es am besten. Aber auch mit einem Computer kannst du Wörter mit -ung, -heit und -keit in Texten suchen.

3. Tipp: Denke auch an die Wörter mit -ung, -heit, -keit hier in diesem Heft.

- **Zusatzaufgabe**

Viel Spaß machen die „Langen-Schlangen-Wörter“, wenn ihr einen Gruppenwettkampf macht. Welche Gruppe findet das längste Wort mit den meisten Wortbausteinen?

- **Zusatzaufgabe**

Vielleicht könnt ihr die längste Wörterschlange auf eine Papierrolle (Kassenzettel oder Toilettenpapier) schreiben? Luftschlangen sind auch nicht schlecht! Sie sind aber etwas schmal.

- **Zusatzaufgabe**

Wer kann diese langen Wörter dann überhaupt noch lesen? Gute Leser sollen sie einmal laut vorlesen. Das ist nicht leicht. Sogar viele Erwachsene haben damit Schwierigkeiten!

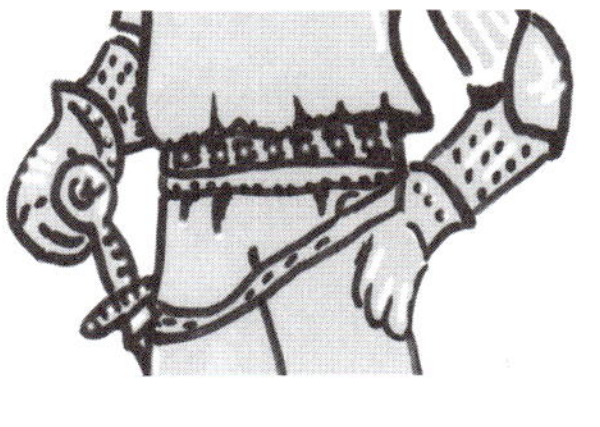

- **Zusatzaufgabe**

Kannst du diese Schriften lesen?

Fahrt in die Ritterzeit. Diese Schrift kannst du bestimmt noch ganz gut lesen.
DAS SIND DIE GROSSBUCHSTABEN.

Fahrt in die Ritterzeit. Mit dieser Schrift ist das Lesen schwieriger. BESONDERS DIE GROSS-BUCHSTABEN SIND KAUM ZU ENTZIFFERN.

WIE FINDEST DU DIESE SCHRIFT? HIER STEHEN NUR GROSS-BUCHSTABEN.

- **Zusatzaufgabe** (Übung „Der lange Blick auf die Großschreibung“)

In der Rittergeschichte ist dir vielleicht aufgefallen, dass vor jeder Großschreibung eine Lücke ist. Willst du einmal auszählen, welche Wörter direkt vor einer Lücke stehen? Dann suche dir eine Seite aus und trage für jedes gefundene Wort einen Strich I ein.

In diesem unterstrichenen Satz waren es:

eine | (= eine Seite)
gefundene | (= jedes gefundene Wort). Hier brauchst du den „langen Blick“.
einen | (= einen Strich)

	Seite ____	Seite ____	Seite ____	Seite ____	Seite ____
der					
die					
das					
des					
dem					
den					
diese					
dieses					
ein					
eine					
eines					
einem					
einen					
im					
mit					
oder					
seinen					
seiner					
und					
unsere					
viele					

Du siehst, es reicht **nicht** aus, immer nur auf **der, die, das** vor einer Großschreibung zu achten.

Lösungen

Lösungen zu Seite 12

	aus a wird ä	Hand	Händ	+ e	= Hände
		Kamm	Kämm	+ e	= Kämme
	aus au wird äu	Baum	Bäum	+ e	= Bäume
Fülle aus:		Maus	Mäus	+ e	= Mäuse
	aus a wird ä	Blatt	Blätt	+ er	= Blätter
		Mann	Männ	+ er	= Männer
		Land	Länd	+ er	= Länder
	aus o wird ö	Wort	Wört	+ er	= Wörter
	aus u wird ü	Huhn	Hühn	+ er	= Hühner
		Kuh	Küh	+ e	= Kühe
Versuche es mit -chen		Katze	Kätz-chen		
		Hund	Hünd-chen		
		Ball	Bäll-chen		

Probiere es mit deinem Namen: ___________-chen.
Deinen Namen kennst du doch besser als wir, oder?
Wort - bau - stein - chen oder Wort - Bau - Stein - chen = 4 Wortbausteine

Lösungen zu den Seiten 13 und 14

Dein erster Baustein:	fahr	oder	FAHR
Dein zweiter Baustein:	“		
Dein dritter Baustein:	fuhr	oder	FUHR

Zu Aufgabe 1 (Seite 17)

Teile in Bausteine auf und male **fahr** bunt an:

ab<u>fahr</u>en	die Ab<u>fahr</u>t	*Beispiel:* *ab*	***fahr***	*en*	*die Ab*	***fahr***	*t*
auf<u>fahr</u>en	die Auf<u>fahr</u>t	auf	fahr	en	die Auf	fahr	t
fahren	die Fahrt		fahr	en	die	Fahr	t
gefahren	die Gefahr	ge	fahr	en	die Ge	fahr	
hinfahren	die Hinfahrt	hin	fahr	en	die Hin	fahr	t
mitfahren	die Mitfahrt	mit	fahr	en	die Mitfahr	t	
überfahren	die Überfahrt	über	fahr	en	die Über	fahr	t

Zu Aufgabe 2 (Seite 27)

Beispiel: das Gefährt	4	Ge fahr “ t
eine Fahrt (Seite 6)	2	Fahr t
erfahren (Seite 7)	3	er fahr en
die Abfahrt (Seite 15)	3	Ab fahr t
unsere Fahrzeuge (Seite 15)	3	Fahr zeug e
verfahrt (Seite 16)	3	ver fahr t
unbefahrbar (Seite 16)	4	un be fahr bar
gefährlich (Seite 16)	4	ge fahr “ lich
die Rückfahrt (Seite 19)	3	Rück fahr t
befahrbar (Seite 19)	3	be fahr bar
entfährt (Seite 19)	4	ent fahr “ t
ungefährlich (Seite 21)	5	un ge fahr “ lich
auf dem Fuhrwagen (S. 21)	2	Fuhr wagen
gefahrlos (Seite 26)	3	ge fahr los

Zu Aufgabe 3 (Seite 28)

		Stamm	Endung				
1. Person, Einzahl	Beispiel:	ich	fahr		e	= ich	fahr e
2. Person, Einzahl		du	fahr	"	st	= du	fähr st
3. Person, Einzahl		er/sie/es*	fahr	"	t	= er/sie/es	fähr t
1. Person, Mehrzahl		wir	fahr		en	= wir	fahr en
2. Person, Mehrzahl		ihr	fahr		t	= ihr	fahr t
3. Person, Mehrzahl		sie**	fahr		en	= sie	fahr en

* er/sie/es bedeutet: **er** fährt, **sie** fährt oder **es** fährt
** sie gibt es in der Einzahl (Singular) sie fährt die Mutter fährt
und sie gibt es in der Mehrzahl (Plural) sie fahren die Kinder fahren.

Zu Aufgabe 4 (Seite 28)

BAUSTEIN	BAU	STEIN		
GEFAHR	GE	FAHR		
FAHRER	FAHR	ER		
FAHRRAD	FAHR	RAD		
KRAFTFAHRZEUG	KRAFT	FAHR	ZEUG	
FAHRZEIT	FAHR	ZEIT		
UNERFAHREN	UN	ER	FAHR	EN

Zu Aufgabe 5 (Seite 29)

ich _____ FAHR ——— E (ich fahre)
du _____ FAHR – " – ST (du fährst)
er, sie, es __ FAHR – " – T (er, sie, es fährt)
wir _____ FAHR ——— EN (wir fahren)
ihr _____ FAHR ——— T (ihr fahrt)
sie _____ FAHR ——— EN (sie fahren)

Zu Aufgabe 6 (Seite 30 und auf den Seiten 38 und 40)

Ein paar Beispiele:

Setze statt FAHR einmal LAUF oder GEH einen anderen Baustein (Verbstamm) ein. Das geht aber nicht überall.

	FAHR	E			
	FAHR	E	N		
	FAHR	ER			
	FAHR	ER	IN		
	FAHR	ER	IN	NEN	
	FAHR	T			
	FAHR	T	EN		
	FAHR	END			
	FAHR	END	E		
	FÄHR	"	E		
	FÄHR	"	E	N	
	FÄHR	T			
	FÄHR	"	ST		
	FÄHR	"	T	E	
	FÄHR	"	T	E	N
MIT	FAHR	ER			
MIT	FAHR	ER	IN		
MIT	FAHR	ER	IN	NEN	
MIT	FAHR	T			
MIT	FAHR	T	EN		
MIT	FAHR	END			
MIT	FAHR	END	E		
GE	FÄHR	"	T		
GE	FÄHR	"	T	E	N

	AB	FAHR	T	
	AB	FAHR	T	EN
	AB	FAHR	END	
	AB	FAHR	END	E
	VOR	FAHR	EN	
	VOR	FAHR	T	
	VOR	FAHR	T	EN
	VOR	FAHR	END	
	VOR	FAHR	END	E
	VER	FAHR	EN	
	GE	FAHR		
	GE	FAHR	EN	
	GE	FAHR	“	LICH
UN	GE	FAHR	“	LICH
UN	ER	FAHR	EN	
UN	BE	FAHR	EN	
	ER	FAHR	EN	
	ER	FAHR	UNG	
	ER	FAHR	UNG	EN
UN	ER	FAHR	EN	HEIT

Zu Aufgabe 7 (Seite 31)

a-Turm	ah-Turm	aa-Turm
haben		
nach		
aber		
sagen		
waren		
Tag		
Vater		
fragen		
da	gehen	
Name	fahren	
Wagen	Jahr	Haar

Diese Wörter gehören zu den häufigsten in deutschsprachigen Texten (zum Teil entnommen aus: Duden: Deutsches Universalwörterbuch. Herausgegeben von der Dudenredaktion. 7., überarb. u. erw. Aufl. Mannheim, Zürich: Dudenverlag 2011, S. 2108 f.).

Lösungen zu Seite 32

Die gefährlichen Gefahren

Lösungen zu Seite 34

Fahrt in die Ritterzeit. Diese Schrift kannst du bestimmt noch ganz gut lesen.
DAS SIND DIE GROSSBUCHSTABEN.

Hinweis: Das ß wird in der Großschreibung mit doppeltem S geschrieben: Großschreibung = GROSSSCHREIBUNG.

Fahrt in die Ritterzeit. Mit dieser Schrift ist das Lesen
schwieriger. BESONDERS DIE GROSS-
BUCHSTABEN SIND KAUM ZU ENTZIFFERN.

WIE FINDEST DU DIESE SCHRIFT?
HIER STEHEN NUR GROSS-
BUCHSTABEN.

____________	FAHR	____________	____________
____________	FAHR	____________	____________
____________	FAHR	____________	____________
____________	FAHR	____________	____________
____________	FAHR	____________	____________
____________	FAHR	____________	____________
____________	FÄHR	____________	____________
____________	FÄHR	____________	____________
____________	FUHR	____________	____________
____________	FÜHR	____________	____________

 Kopiervorlage zum Ausschneiden (Aufgabe 6, Seite 30)

Namen, die in der Geschichte vorkommen

Burg Donnersbruch	die Burg Donnersbruch ist die Burg eines befreundeten Ritters
Burg Felsenstein	hier leben Frau Gudrun und Ritter Roban zu Felsenstein
die dicke Eiche	eine besonders alte und dicke Eiche, die an einer Kreuzung steht
Enders	ist der Freund von Roban, er ist auch ein Ritter
der Felskopf	ein hoher Felsenberg, an dem wir vorbeifahren müssen
Gretlin	die Tochter auf der Burg Donnersbruch
Gudrun	ist die Burgherrin auf Felsenstein und die Frau von Roban
Gunnar	der Schmied, er fährt aber nicht mit
die Herberge	ein Haus (eine Art Hotel), in dem man übernachten und essen kann
Jorg	ein Knecht auf der Burg Felsenstein
Mattis	der Sohn von Roban und Gudrun
die Nebelschlucht	eine lange und tiefe Schlucht mit gefährlichen Steilwänden
der Rappul	auch schwarzer See, schwarzes Loch genannt, ist tief und dunkel
Roban	der Ritter der Burg Felsenstein
der Tannenbruch	ein finsterer Wald, in dem die dicke Eiche steht
Tonder	ist der Knappe von Roban, dem Ritter der Burg Felsenstein
Treff und Rüpel	die frechen Hunde von Ritter Roban
Ulle	ein Knecht auf der Burg Felsenstein
der Wildenloh	ein Gebiet östlich vom Tannenbruch gelegen, hier treibt sich eine üble Räuberbande herum (veraltet: hier *haust* eine Räuberbande)
Wolfing	der Fahrknecht, der den Fuhrwagen lenkt

Wörter, die du vielleicht nicht kennst

die Fährte	eine frische Spur auf dem Boden
die Fuhre	eine Wagenladung oder große Menge
der Fuhrwagen	veraltet für einen Wagen, auf dem sich eine Ladung (eine *Fuhre*) befindet
das Gefährt	veraltet für ein *Fahrzeug,* wie ein *Fuhrwagen* oder ein *Fuhrwerk*
der Gefährte	ein *Gefährte* oder eine *Gefährtin* ist ein Mensch, der bei einer Reise mitfährt, veraltet für Freund oder Freundin
der Grobian	veraltet für *grober Kerl* oder *frecher Mensch*
der Knappe	ein *Knappe* (abgeleitet von *Knabe*) ist ein Junge oder ein junger Mann, der zur Waffenausbildung im Dienst eines Ritters steht, in unserer Geschichte ist es der arme Tonder
der Knecht	ein *Knecht* ist eine männliche Person, die bei einem Burgherren oder reichen Bauern harte Arbeit verrichtet
loh	veraltet für *brennend,* Abkürzung von *lichterloh (hell brennend)*
die Riemen	*Riemen* sind dicke Bänder oder Schnüre, meistens aus Leder
vermählen	veraltet für *heiraten* oder *verheiraten*
die Zugtiere	*Zugtiere* sind Pferde, Rinder oder Hunde, die einen Wagen oder einen Schlitten ziehen

Grübel-Wörter für Spezialisten

fertig	Eigentlich könnte das Wort *fertig* so geschrieben werden: **fährtig*, da es von *fahrbereit* oder *bereit für die Fahrt* kommt. Dieser Zusammenhang ging aber im Laufe der Jahrhunderte verloren. Dass das Wort *fertig* von *fahren* kommt, kannst du nur noch am Anfangsbuchstaben *f* sehen. Hast du dich auch schon gewundert, warum man *fertig* mit *f-* und nicht mit *v-* schreibt? Jetzt weißt du, dass *fertig* etwas mit *fahren* zu tun hat und kannst dir das *f* am Anfang vielleicht besser merken. Außerdem gibt es im Deutschen die Bausteine **vert-(-ig)* oder **(ver)-tig* überhaupt nicht.
die Furt	Eine *Furt* ist eine flache Stelle in einem Fluss, durch die man fahren kann. Manche Städtenamen enden auf *-furt* wie *Frankfurt.*
*	Das Sternchen bedeutet auf dieser Seite, dass ein Wort *flasch (äh, falsch) geschrieben worden ist.

VER	FAHR	IG	E
VOR	FIND	UNG	ST
MIT	SUCH	HEIT	T
BE	GEB	KEIT	EN
ER	GEH	ER	T
UN	SEH	IN	NEN
GE	HAB	EN	ER
AB	REIT	S	LICH
AUS	FRAG	EN	LOS
ÜBER	SAG	BAR	END
UM	LAUF	„	E

 Kopiervorlage zum Ausschneiden (Aufgabe 6, Seite 30)